곰손의 마법학교

종이구관

손정아 지음

종이구체관절인형과 떠나는 모험의 세계

somssi

마법학교 입학 허가서

안녕하세요! 마법학교에 오신 여러분들, 정말 환영합니다!
저는 종이구관인형을 만들고 놀며 다양한 콘텐츠를 만드는 크리에이터 '곰손'이에요.

제가 종이구관을 만들게 된 건
종이인형의 따뜻한 추억을 많은 분들과 함께 공유하고 싶어서였습니다.
펜과 종이로 시작한 저의 작은 그림이, 지금은 유튜브에 영상으로 업로드되고
이렇게 종이구관 출간으로 이어지게 되었습니다.
모두 여러분의 많은 관심과 응원 덕분입니다.

'종이구관'이란 종이구체관절인형의 줄임말입니다.
종이구관은 기존의 종이인형과 달리 본체(캐릭터)에 관절이 그려져 있고,
헤어스타일과 옷 입히는 방법이 편리하게 발전하여 다양한 놀이도 할 수 있습니다.

모쪼록 이 책의 주인공인 다이아, 로즈, 에메랄드, 마린 그리고 곰손과 함께
행복한 추억을 많이 만들었으면 좋겠습니다.
저를 성장시켜주신 여러분들께 진심으로 감사의 말씀을 드립니다.

이 책을 펴는 순간!
마법학교 입학 허가가 자동 완료되었음을 알려드립니다.
자, 그럼 이제 마법학교로 들어가볼까요?

손정아 올림

마법학교 교칙

마법학교에 오신 여러분, 진심으로 환영한다곰!
마법학교는 여러분에게 잠재된
마력을 끌어내고 용감한 학생으로 성장할 수 있도록 도와주고 있다곰!
여러분의 눈부신 성장을 위해
학교의 모든 사람들은 노력할 것이라곰!
안전하고 밝은 학교 생활을 위해 아래 교칙을 꼭 지켜달라곰!

1. 분홍색 테두리를 따라 자르라곰!

이 책의 종이구관은 분홍색 테두리를 따라 자르는 게 가장 좋아요.
분홍색 테두리도 보이지 않게 자르고 싶다면 몸과
옷이 잘리지 않게 조심하며 잘라야 해요.

2. 캐릭터끼리 옷과 가발을 바꿔주라곰!

이 책의 캐릭터 크기는 모두 같아요.
그래서 가발 옷을 상호교환할 수 있지요.
다른 캐릭터의 옷과 가발을 입히며 다양한 스타일링을 시도해보세요!

3. 곰손의 유튜브에서 보충수업이 있다곰!

종이구관 만드는 방법이 궁금하거나 함께 이야기를
만들며 놀고 싶다면 곰손의 유튜브로 놀러오세요.
유튜브에서 '곰손 종이구관'을 검색해주세요.

차례

등장인물 소개

★ 다이아 ★

학교에 위험이 생길 때마다 앞장서서 해결하는 다이아.
매일 학교에서 나비 검을 휘두르며 검 연습에 매진이다.
나비 검은 우룰루 교장에게서 받았다.

★ 로즈 ★

어릴 때부터 함께 자라온 검은 고양이
'까미'를 어깨에 얹고 다니는 로즈.
강력한 마력을 지녀 가끔 마력이 폭발하기도 한다.
우룰루 교장이 마력 억제 귀걸이를 선물했다.

★ 에메랄드 ★

춤을 좋아하는 숲속의 엘프 에메랄드.
에메랄드가 밟고 다니는 땅에는 새싹이 올라와서
우룰루 교장이 정원을 밟고 다녀달라는 부탁을 했다.

★ 마린 ★

깨끗한 물을 사랑하는 물의 정령 마린.
마음만 먹으면 바다나 호수로 순간 이동을 할 수 있다.
물을 아껴 쓰라며 친구들에게 잔소리도 빼먹지 않는다.

★ 곰손 ★

떡볶이 장사도 하고, 기숙사 청소도 하고, 학교 정원도 관리하는 만능 요정.
가끔은 곰손이 마법학교의 설립자라는 소문이 들려오기도 하지만…진짜일까?
언제 어디서 나타날지 모르니 놀라지 마시라~곰!

준비물

★ 문구용 가위 ★

종이구관을 예쁘게 자르려면 문구용 가위가 필요해요. 가끔 큰 가위를 사용하는 친구들이 있는데, 큰 가위는 종이구관을 섬세하게 자르기 어려울 수 있어요! 끝이 뾰족한 작은 가위는 모서리를 자를 때 쓰면 좋아요!

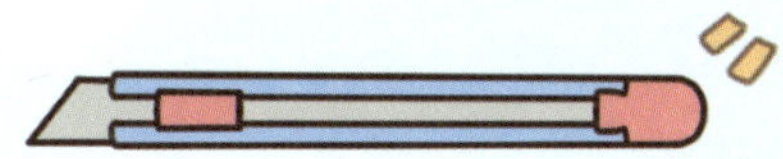

★ 문구용 칼 ★

옷의 얼굴 부분을 도려내거나 모서리를 깨끗하게 정리할 때 써요. 칼을 쓸 때는 손이 베이지 않게 조심해서 써야 해요.

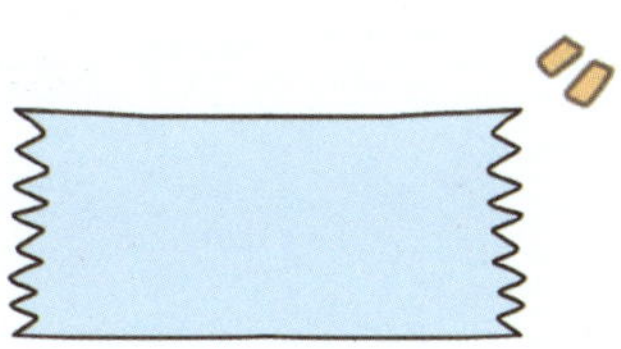

★ 셀로판테이프 ★

가위질이 서투르면 종이구관을 잘못 자를 수 있어요. 그럴 땐 셀로판테이프로 잘못 자른 곳을 이어 붙이고 나머지 테이프는 오려주세요.

★ 풀 ★

예쁘게 자른 종이구관의 옷과 머리카락을 붙여줄 때 써요. 딱풀, 물풀, 목공용풀 모두 사용할 수 있어요.

캐릭터 자르기

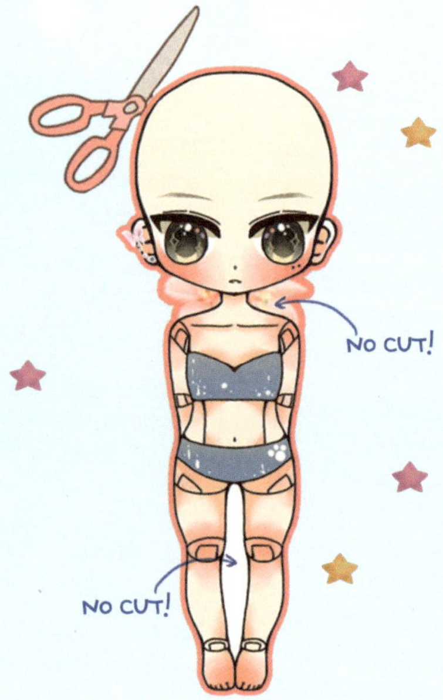

1 가장 먼저 캐릭터를 잘라주라곰!

캐릭터는 특징별로 자르기 힘든 곳이 있는데, 그럴 때는 한 번에 자르려 하지 말고 여러 번 나누어서 자르세요!

GOM TIP

캐릭터 목 주변에 있는 꽃과 다리 사이의 빈 곳은 자르지 마세요. 목 주변의 꽃은 약한 목을 받치는 지지대 역할을 하므로 자르게 되면 목이 꺾일 수 있어요. 만약 잘못 잘랐다면 셀로판테이프를 잘린 부분의 앞뒤로 작게 붙여주면 됩니다!

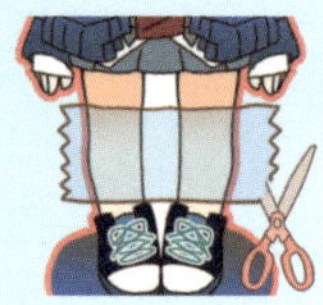

2 옷과 머리카락을 차례대로 잘라주라곰!

급할 것 없으니 천~천~히~ 조심조심 잘라주세요. 옷을 자를 때는 캐릭터 자를 때와 마찬가지로 다리 사이의 빈 곳은 자르지 마세요!

3 캐릭터의 능력을 강화해주는 무기도 꼭 잘라주라곰!

캐릭터별 무기는 옷이나 손에 걸지 않아요. 무기를 적에게 날려보세요!

4 이제 아주~ 중요한 가발띠와 옷띠를 잘라야 한다곰!

'이게 뭐지?'라며 자르지 않고 넘어갈 수 있지만 머리를 씌우고 옷을 입힐 때 꼭 필요한 준비물이니 잊지 말고 꼭 자르세요!

GOM TIP

머리띠와 옷띠를 자르지 않고 버렸나요? 걱정하지 마세요! 약간 두꺼운 종이에 직접 가발띠와 옷띠를 그려서 대신 사용하면 됩니다.

가발 만들기

1 가발에 풀칠을 해주라곰!

뒤쪽 가발에 보면 가발띠를 붙이는 곳이 정해져 있어요.
여기에 살살~ 풀칠을 하세요.

GOM TIP

가발띠 자리 밖으로 풀칠을 하고 캐릭터 머리에 씌우면
캐릭터 머리와 가발이 붙어버릴 수 있어요.

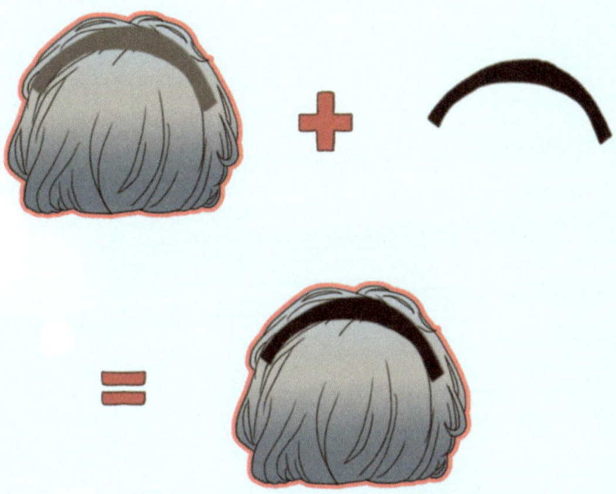

2 가발띠를 붙여주라곰!

가발띠 구역을 벗어나지 않게 조심조심 붙여야 한다는 것,
잊지 마세요!

3 가발을 붙여 마무리하라곰!

다시 가발띠에 풀칠을 하세요.
이번에도 가발띠 자리를 벗어나지 않게
조심조심 풀칠해야 해요.
풀이 마르기 전에 앞쪽 가발을 붙여주세요.
가발 완성!

옷 만들기

1 옷띠 길이를 재라곰!

예쁘게 자른 옷을 뒤로 돌려주세요.
캐릭터도 옷 뒤쪽에 겹쳐주세요.
이때 옷을 입은 모양 그대로 겹쳐야 해요.

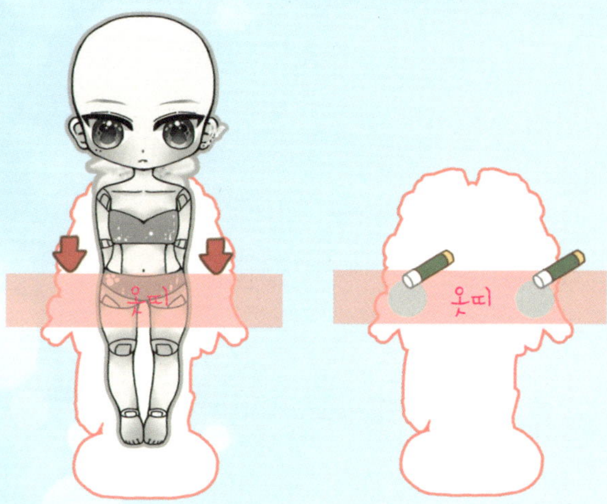

2 옷띠 안쪽이나 옷에 풀칠을 하라곰!

잘라두었던 옷띠를 그 위에 올려주세요.
이제 캐릭터 밖으로 빠져나온 옷띠의 위치를 표시하고,
옷띠 안쪽 또는 옷에 살살 풀칠해주세요.
캐릭터가 들어갈 곳에 풀칠을 하면 절대 안 됩니다!

3 나머지 옷띠를 잘라주라곰!

옷 밖으로 나온 옷띠를 잘라주세요.
옷이 잘리지 않게 조심조심 잘라야 해요.

종이구관 조립하기

1 머리에 가발을 씌워주라곰!

가발의 풀이 다 말랐는지 확인한 뒤 조심조심
캐릭터 머리에 씌워주세요.

GOM TIP

풀이 마르지 않은 상태로 가발을 씌우면 안됩니다.

2 옷을 입혀주라곰!

옷띠가 다 말랐는지 확인한 뒤 캐릭터에게
옷을 입혀주세요. 잠옷, 크리스마스, 핼러윈처럼
모자가 달려있는 옷은 가발을 벗긴 뒤 입혀주세요.

GOM TIP

옷띠가 크거나 옷이 무거우면 고정되지 않고 흘러내려요.
그럴 땐 캐릭터에 딱 맞게 옷띠에 풀칠을 더 하거나
옷띠를 하나 더 만들어 옷에 붙여주세요.

3 무기는 붙이지 말라곰!

각 캐릭터의 무기는 따로 고정시키지 않아도 돼요.

GOM TIP

손에 쥐어주거나 등 뒤에 숨기는 등
무기를 자유자재로 활용해서 이야기를 만들어보세요.

옷장 만들기

1 옷장, 서랍장을 잘라주라곰!

분홍색 테두리 선을 따라 옷장과 서랍장 두 개,
이불 한 채를 하나씩 전부 잘라주세요.

GOM TIP

옷장은 직선인 곳이 많아요.
직선은 가위보다 칼을 이용해서 자르는 게 쉬워요.

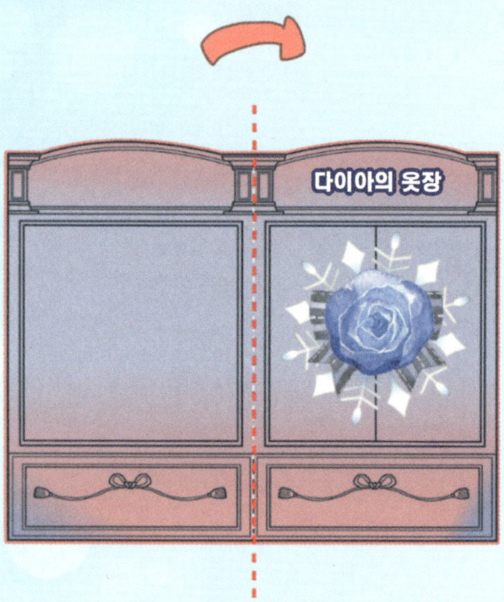

2 옷장을 반으로 접어주라곰!

옷장에 그어진 흰색 점선을 따라
옷장의 안쪽 면이 맞닿게 반으로 접어주세요.

3 이불, 서랍장을 풀칠해주라곰!

서랍장 두 개와 이불 한 채를 뒤집어 놓고
옆의 그림과 같이 표시한 곳에 조심조심 풀칠을 해주세요.
최대한 가장자리에만 풀칠을 해주는 게 포인트!

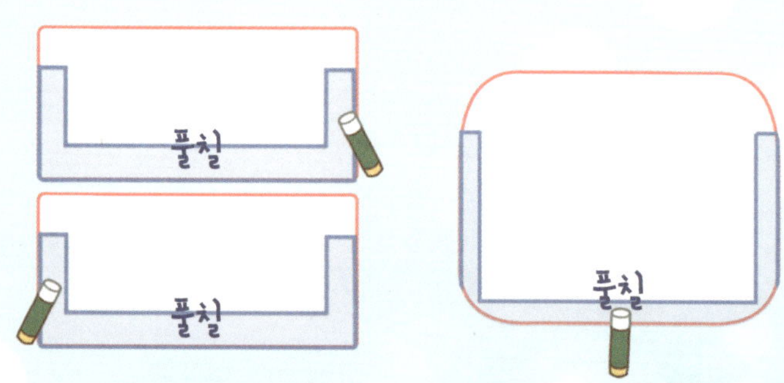

1 이불, 서랍장을 붙여주라곰!

옷장 뒷면을 펼쳐주세요. 점선을 기준으로
풀을 칠한 이불과 서랍장들을 하나씩 붙여주세요.

GOM TIP

이불과 서랍장의 좌우 위치는 바뀌어도 괜찮지만
이불과 서랍장은 꼭 분리시켜 붙여야 해요.

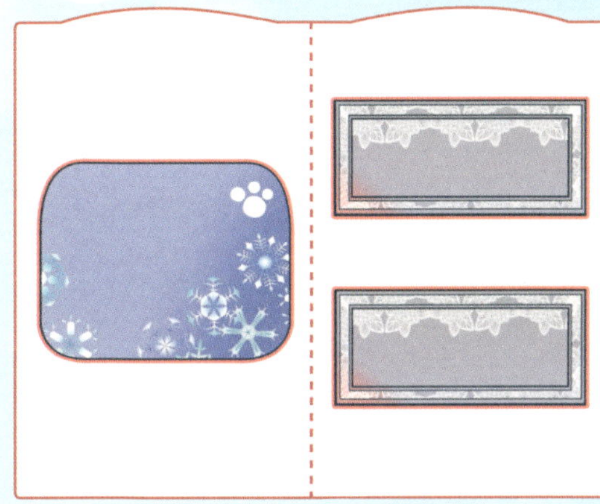

2 캐릭터와 옷을 넣으라곰!

캐릭터는 이불에 넣어주고 옷은 서랍장에
차곡차곡 넣어 정리해주세요.

3 반으로 접어 예쁘게 보관하라곰!

옷도 수납하고 캐릭터가 편안하게
휴식을 취하는 마법의 옷장 완성!

다이아 학생기록부

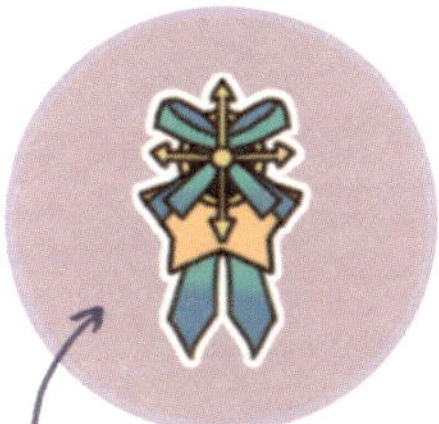

기사 브로치

효과: 방어력 상승

마법 학생증

- **이름** 다이아
- **속성** 마법기사
- **특성** 나비 검술

위 사람은 본교 학생임을 증명함_마법학교 교장 우룰루

나비 귀걸이

효과: 꿈속 여행

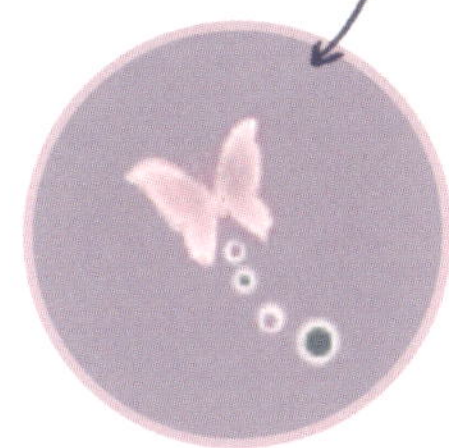

특이사항

나비 검술

꿈나비의 힘이 담긴 검을 휘둘러
단숨에 상대를 제압한다

발달사항

- 집중력이 매우 뛰어나며 탐구 정신이 강함
- 파르페 많이 먹기 대회에서 1등을 한 경력이 있음
- 본인은 기억 못 하나 어릴 적 새끼용을 구함
- 취미는 악기 연주

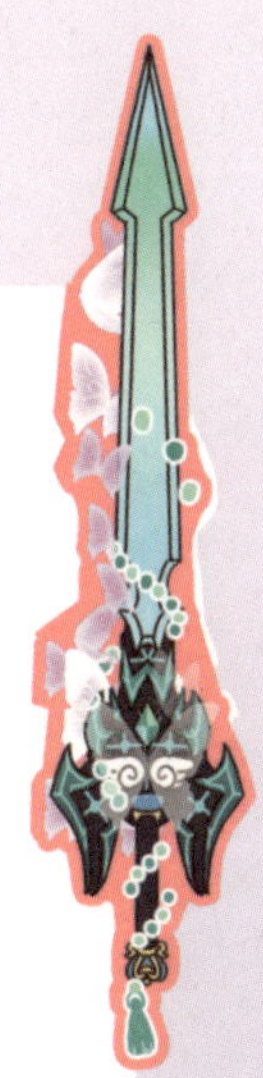

마법기사 다이아

20
21

마법기사 다이아

교복

마법학교 기사의 교복

외출복

편안한 일상복

폭신폭신
부들부들한 잠옷

잠옷

옷띠	
옷띠	옷띠

마법기사 다이아

크리스마스

선물 보따리에는
뭐가 들었을까?

박쥐 날개 한복

핼러윈

바캉스

마음껏 물놀이를 해요!

옷띠	
옷띠	옷띠

다이아의 옷장

로즈 학생 기록부

마법사 브로치

효과: 상상의 구현

마법 학생증

- **이름** 로즈
- **속성** 마법사
- **특성** 달과 별의 빛

위 사람은 본교 학생임을 증명함_마법학교 교장 우룰루

물망초 귀걸이

효과: 마력 억제

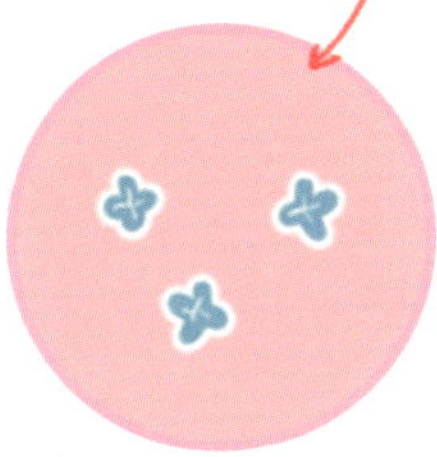

특이사항

달과 별의 빛

검은 고양이 까미와 함께
달과 별의 빛으로 어둠을 밝힘

발달사항

감수성이 뛰어나 상상하는 것을 좋아함
달빛과 별빛이 빛나는 밤에 마법의 힘이 커짐
마력이 너무 강해 오히려 억제하는 아이템을 사용
취미는 낮잠 Zzz

마법사 로즈

마법사 로즈

옷띠

옷띠

옷띠

마법사 로즈

크리스마스

녹지 않는 눈사람!

핼러윈

오늘은 까미로 변신~!

무더위에도 멋을 내보자!

바캉스

옷띠

옷띠

옷띠

로즈의 옷장

에메랄드 학생 기록부

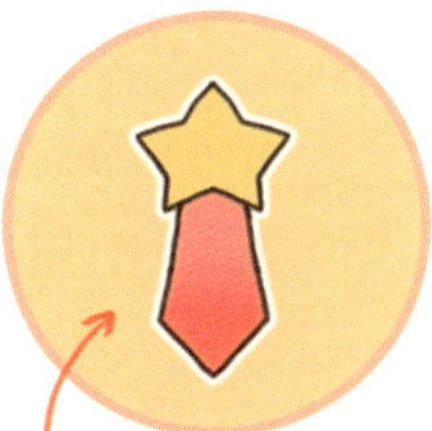

엘프 브로치

효과: 친화력 상승

마법 학생증

⭐ **이름** 에메랄드

⭐ **속성** 엘프

⭐ **특성** 무희의 댄스

위 사람은 본교 학생임을 증명함_마법학교 교장 우룰루

잎 이슬 귀걸이

효과: 자연과 교감

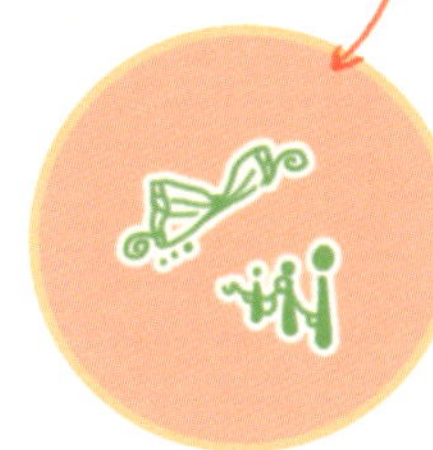

특이사항

무희의 댄스

무희의 댄스로 머문 자리에
새싹이 돋아나게 한다

발달사항

수박을 매우 사랑하는 수박 마니아

자연 친화력이 높고 귀가 밝아 먼 곳의 소리를 듣는다

무희의 댄스로 발길 닿는 곳마다 새싹이 돋아남

취미는 수박 먹기

숲속의 엘프 에메랄드

숲속의 엘프 에메랄드

살랑살랑 흩날리는 교복

교복

여우 털을 닮은
보드라운 잠옷

외출복

수박 핸드백과
나뭇잎 신발의 자연룩!

옷띠	
옷띠	옷띠

숲속의 엘프 에메랄드

오늘은 눈의 요정!

크리스마스

으스스한 망토 소녀!

바캉스

여행에 남는 건 사진!

핼러윈

옷띠

옷띠

옷띠

에메랄드의 옷장

마린 학생 기록부

정령 브로치

효과: 순간 이동

마법 학생증

- 이름 마린
- 속성 정령
- 특성 물방울 축제

위 사람은 본교 학생임을 증명함_마법학교 교장 우룰루

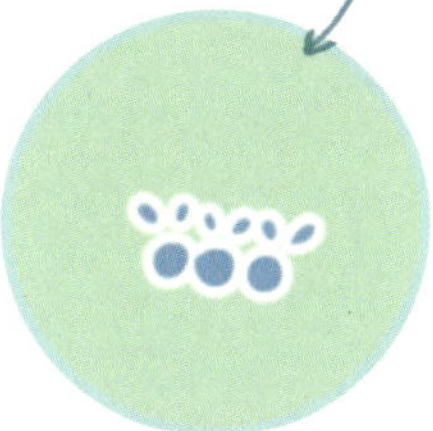

물방울 머리핀

효과: 물의 성질 변화

특이사항

물방울 축제

물의 부채를 휘둘러
커다란 물너울을 만든다

발달사항

깨끗한 물에서만 생활하며 물속에서도 숨을 쉴 수 있음

물이 있는 곳으로 순간 이동이 가능함

언제 어디서든 생수를 만들 수 있음

취미는 물청소

물의 정령 마린

물의 정령 마린

옷띠

옷띠

옷띠

물의 정령 마린

옷띠

옷띠

핼러윈 옷띠

마린의 옷장

신나는 여행

맛있는 간식

달콤한 디저트

곰손의 마법학교 종이구관

1판 1쇄 발행 2019년 7월 11일
1판 4쇄 발행 2022년 2월 2일

지은이 손정아
펴낸이 최태선

펴낸곳 ㈜솜씨컴퍼니
등록 제2015-000025호
주소 04022 서울시 마포구 동교로 70, 3층
전화 070.7825.8588(편집) 02.3142.4364(마케팅)
이메일 love@somssi.me(콘텐츠·원고 투고) order@somssi.me(유통·판매)
팩스 02.6442.4364
SNS instagram.com/somssico

제작 조광프린팅
용지 표지: 아르떼 U/W 230g 본문: 백모조 220g

ISBN 979-11-86745-31-1 13630

Maker's Letter

사랑스러운 네 명의 아이들과 예쁜 그림에 반한 시간이었습니다.
어려운 부탁도 척척 들어주시던 만능 작가님께 감사드리며,
많은 분들이 종이구관과 함께 즐거운 시간을 보내고 무사히 졸업했으면 좋겠습니다. SIA

영롱한 마법전사들 덕분에 페이지마다 눈이 부시게 작업할 수 있었습니다!
오리고 즐기고 보관하고 꺼내고~
여러분들 곁에 오래오래 함께하는 마법전사들이 되길 바라겠습니다. :) Jung

Thank you